Vente des 24, 25, 26, 27, 28 Février
et 1er Mars 1862

OBJETS D'ART

DE CURIOSITÉ ET D'AMEUBLEMENT

COMPOSANT LA COLLECTION ET LE MOBILIER

DE FEU M. ELWÈS

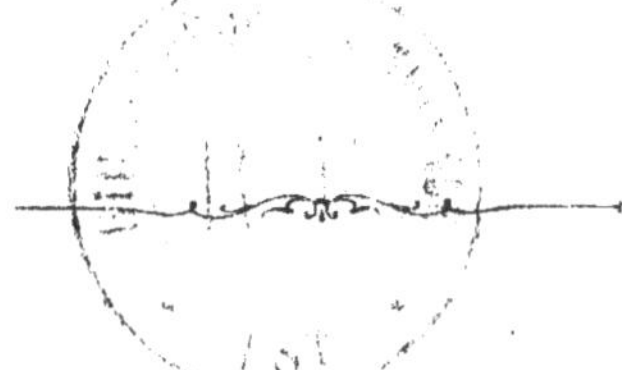

Mᵉ Ch. PILLET, Commissaire-Priseur

M. VITEL,
Expert

M. ROUSSEL,
Expert

PARIS. IMPRIMERIE DE PILLET FILS AINÉ
Rue des Grands-Augustins, 5.

La tête de St Jean en marbre blanc sculptée posée sur un plat a été vendue 355 f. (Auguiot)

CATALOGUE

D'OBJETS D'ART

DE CURIOSITÉ

ET D'AMEUBLEMENT

COMPOSANT LA COLLECTION ET LE MOBILIER

DE FEU M. ELWÈS

Porcelaines de Chine, du Japon, de Saxe, de Naples, etc.; Faïences italiennes et françaises; Verrerie de Venise et de Bohême; Grès de Flandre; Vitraux anciens; Bronzes italiens; Émaux de Limoges; Cristaux de roche; Miniatures et Objets divers des XVIe et XVIIe siècles; Belle cheminée en bois sculpté, avec le portrait de Henri III attribué à Janet; Autre Cheminée en pierre sculptée du XVIe siècle; Lit du temps de Henri IV; Tables, Siéges et Cabinets italiens; Meubles renaissance; Cabinets Louis XIII; Miroirs, Pendules, Lustres, etc.; Console-rocaille italienne; Meuble de salon en bois sculpté et doré de l'époque Louis XIV; Bronzes Louis XIV et Louis XV; Tapis, Tentures; Armes des XVIe et XVIIe siècles; Argenterie ancienne et moderne; Tableaux, etc.

DONT LA VENTE AUX ENCHÈRES PUBLIQUES AURA LIEU

HOTEL DROUOT, SALLE N° 7

LES LUNDI 24, MARDI 25, MERCREDI 26, JEUDI 27, VENDREDI 28 FÉVRIER ET SAMEDI 1er MARS 1862

A DEUX HEURES

Par le ministère de Me **CHARLES PILLET**, Commissaire-Priseur, rue de Choiseul, 11,

Assisté de M. **ROUSSEL**, Expert, rue Moncey, 16,

Et de M. **VITEL**, Expert, rue des Fossés Saint-Victor. 17

Chez lesquels se distribue le présent Catalogue.

EXPOSITIONS { PARTICULIÈRE le Samedi 22 Février 1862,
PUBLIQUE le Dimanche 23 Février 1862,

De une heure à cinq heures.

CONDITIONS DE LA VENTE

Elle sera faite au comptant.

Les adjudicataires payeront *cinq pour cent* en sus des enchères, applicables aux frais.

Paris. Typ. Pillet fils aîné, rue des Grands-Augustins, 5.

DÉSIGNATION

DES OBJETS

Antichambre

1 — Table à rallonges du temps de Louis XIII, en bois sculpté : les pieds sont formés par des animaux chimériques et des colonnes cannelées avec entre-jambes à colonnettes. Elle est en outre ornée d'incrustations de bois de couleur.

2 — Autre table de même époque, pieds avec entre-jambes à balustres et consoles sculptées.

3 — Autre table, à peu près de mêmes forme et époque, formant toilette. Elle est garnie de ses accessoires en porcelaine du Japon.

4 — Quatre chaises (escabeaux) italiennes, en bois sculpté rehaussé de dorures, du temps de Louis XIII.

5 — Table formant bureau, en marqueterie d'ivoire sur fond brun. Ouvrage des colonies espagnoles.

6 — Huit chaises italiennes (escabeaux), en bois sculpté. Époque Louis XIII.

7 — Un fauteuil et une chaise à pieds tors. Garnis en velours rouge.

8 — Fauteuil à colonnes torses; les bras sont ornés de mufles de lion. Garni en velours rouge.

9 — Grand fauteuil à colonnes torses; les bras, cintrés, sont ornés de sculptures. Garni en velours rouge.

10 — Lustre flamand, en cuivre poli, à huit branches. Epoque Louis XIII.

11 — Lanterne allemande, en cuivre repoussé, garnie de verres gravés.

12 — Deux paires de flambeaux Louis XIII, à tiges carrées, avec ornements en relief, en cuivre doré.

13 — Deux paires de flambeaux Louis XIV, très-richement ornées, à tiges triangulaires, bronze doré.

14 — Belle bouteille de pharmacie en faïence italienne, décorée d'arabesques en grisaille sur fond bleu. Fabrique de Castel Durante.

15 — Bassin en faïence hispano-arabe, décor à reflets métalliques de style arabe.

16 — Deux biberons, l'un en faïence italienne et l'autre en terre d'Avignon.

17 — Canette à bière en grès brun de Flandre, ornée, au pourtour, de figures de Saints en relief et émaillée en couleur; couvercle en étain.

18 — Petit plat rond à bosselages, décors à reflets métalliques. Fabrique de Gubbio.

19 — Coupe ronde festonnée à cannelures en rayons, à reflets métalliques, fabrique de Pesaro, et un plateau de même fabrique.

20 — Trois vases de formes variées, en faïence de diverses fabriques.

21 — Deux narguillés en cristal rose, décors de fleurs, avec les tuyaux.

22 — Quatre petits vitraux flamands, offrant des armoiries et des fleurs, peints en couleurs variées.

23 — Quatre vitraux flamands, peints en grisaille rehaussée de jaune, armoiries et figures de Saints.

24 — Deux autres petits vitraux, peints en grisaille; figures allégoriques avec devises.

25 — Six petits vitraux suisses, peints en couleur, représentant des personnages debout et des petits sujets avec inscriptions allemandes.

26 — Un bougeoir en porcelaine de Chine, à décor bleu et blanc, monté en bronze doré, et une coupe octogone en porcelaine de Chine.

27 — Pot à eau et sa cuvette, porcelaine de Chine à dessins bleus.

28 — Un vase de nuit avec son couvercle en porcelaine du Japon, décoré de fleurs.

29 — Autre vase de nuit en porcelaine de Saxe, décoré de fleurs.

30 — Deux autres vases de nuit en porcelaine de Chine, décorés de fleurs.

30 *bis* — Deux autres à couvercles.

31 — Bidet en porcelaine du Japon, richement décoré, avec robinet en cuivre.

32 — Autre bidet en porcelaine du Japon, décoré de fleurs, monture en bois.

Salle à manger

33 — Grande et belle crédence du temps de Louis XII, en bois sculpté, avec dossier à gradin, le tout richement décoré d'arabesques légères et du plus beau style; les portes offrent des têtes de guerriers placées dans des couronnes de fruits.

Haut. avec le dossier, 2 m. 60 cent.; larg. 1 m. 40 cent.

34 — Armoire fermant à deux vantaux, ornés chacun de deux bustes placés au milieu d'arabesques, mêmes style et époque que le meuble précédent.

Haut. 1 m. 70 cent.; larg. 1 m. 30 cent.

35 — Grand banc gothique à dossier, avec galerie découpée à jour, très-richement sculpté, et garni de son coussin et de trois oreillers en tapisserie fond bleu semé de fleurs de lis jaunes.

Haut. 1 m. 30 cent.; larg. 2 m.

36 — Meuble fermant à quatre portes, avec tiroir entre, en bois sculpté, orné de pilastres et de mascarons. Époque Henri II.

Haut. 1 m. 80 cent.; larg. 1 m.

37 — Joli meuble à deux corps fermant à quatre vantaux, orné de bas-reliefs très-fins à figures allégoriques et mascarons, avec incrustations de marbre. École de Fontainebleau.

Haut. 2 m.; larg. 1 m. 30 cent.

38 — Cabinet du temps de Louis XIII, sur pieds à colonnes; il est garni de nombreux tiroirs, avec petit temple au centre, le tout plaqué en écaille rouge, avec moulures guillochées en ébène; les ornements sont en cuivre repoussé et doré.

Haut. 1 m. 80 cent.; larg. 1 m. 45 cent.

39 — Belle table à rallonges et pieds à patins en bois sculpté, orné de mascarons et de sirènes. Epoque Henri II.

40 — Huit fauteuils en bois sculpté : les bras sont ornés de têtes chimériques; garnis en cuir, avec chiffres et

armoiries dorés. Style italien de l'époque de Henri II.

41 — Beau lustre flamand à huit branches en cuivre poli et gravé, richement orné. Époque Henri IV. Il est, avec sa chaîne de suspension, en fer doré, de travail italien.

42 — Très-grand et beau miroir allemand, avec glace à biseaux ; le cadre, très-riche d'ornementation, est en cuivre repoussé et doré; le haut est surmonté d'une couronne héraldique supportée par deux lions. Pièce remarquable par son volume et la richesse de son ensemble.

Haut. 1 m. 80 cent. environ; larg. 1 m. 50 cent.

43 — Autre beau miroir de même genre, avec cadre à fronton, le tout richement orné de rinceaux à feuillages en cuivre repoussé, découpé à jour et doré, sur fond de bois noir. Ouvrage français de l'époque de Louis XIII.

Haut. 1 m. 50 cent.; larg. 1 m.

44 — Jolie petite pendule du temps de Louis XIII, en cuivre gravé et doré; la coupole, découpée à jour, est surmontée de petits bustes d'hommes; la boîte est garnie de glaces à biseaux. Son socle, en bois, est garni de bronzes dorés.

45 — Deux paires de flambeaux Louis XIII, à tiges carrées, avec ornements en relief, en cuivre doré.

46 — Deux paires de flambeaux Louis XIV, à pieds hexagones, ornés d'arabesques et de mascarons, en cuivre doré.

47 — Un fort cadenas en fer gravé. Ouvrage allemand du dix-septième siècle.

48 — Une paire de girandoles à deux lumières, supportées par des figures de génies ailés, en bronze doré.

49 — Sept plats gothiques en cuivre repoussé, offrant divers sujets. Travail flamand du seizième siècle. — Ce lot sera divisé.

50 — Deux petits plats ovales en cuivre repoussé de fleurs et argentés. Ouvrage allemand du temps de Louis XIII.

51 — Grand vase de pharmacie, de forme cylindrique, décoré de fleurs sur fond bleu, avec médaillon renfermant une sainte. Faïence de la fabrique de Castel Durante.

52 — Vase de forme élégante, à deux anses, et décoré d'arabesques en camaïeu bleu. Fabrique italienne.

53 — Deux cornets de pharmacie décorés de fleurs, avec médaillons à figures de saints.

54 — Deux vases à anses formées par des serpents; la panse est ornée de sujets mythologiques. Fabrique de Ginori.

55 — Deux statuettes debout, représentant des saintes. Faïence italienne. Époque Louis XIII.

Haut. 80 cent.

56 — Trois plats à peintures grisaille rehaussées de jaune, représentant des sujets historiques, avec bordure de feuillages et animaux. Fabrique de Castelli.

57 — Vase de forme cylindrique, faïence hispano-arabe, fond bleu avec ornements jaunes à reflets métalliques très-vifs.

58 — Beau plat de même fabrique, avec ombilic saillant; décor jaune rehaussé de bleu et à reflets métalliques très-vifs.

59 — Deux autres plats de même fabrique, décor jaune à reflets métalliques sur fond gris.

60 — Grand plat à bosselages, décoré de fleurs en camaïeu bleu. Fabrique italienne de l'époque de Louis XIV.

61 — Grand plat gravé sur angobes, décoré d'arabesques avec figures d'Amours; l'ombilic, saillant, porte une armoirie.

62 — Plat à ombilic et cannelures disposées en rayons, décoré d'arabesques fantastiques sur fond blanc. Fabrique d'Urbino.

63 — Pot à eau, avec anse et couvercle, décoré d'Amours tenant des guirlandes de fleurs. Fabrique de Castelli.

64 — Très-grand plat en faïence hispano-arabe, avec ombilic saillant portant une armoirie; beau décor à reflets métalliques très-vifs.

Diam. 56 cent.

65 — Deux grands plats de la fabrique de Pesaro, offrant des bustes; le bord est orné d'arabesques, décor à reflets métalliques sur fond bleu.

66 — Autre plat de la même fabrique : la peinture représente le Jugement de Pâris.

67 — Deux plats de même fabrique : sur l'un est représenté saint François; sur l'autre un buste d'empereur romain.

68 — Autre plat de même fabrique : la peinture représente un chevalier en prière; le bord offre, en bordure, un collier sur lequel est inscrite une devise italienne.

69 — Deux vases, décorés de fleurs et de médaillons avec figures de saints, sur fond bleu. Fabrique de Castel Durante.

70 — Deux jolies aiguières de pharmacie : l'une est ornée de deux cavaliers combattant, et l'autre de deux bustes affrontés, décor d'arabesques. Fabrique de Castel Durante.

71 — Deux vases de forme globuleuse, décorés de fleurs sur fond bleu. Même fabrique.

72 — Vase de forme ovoïde, décoré d'arabesques sur compartiments de couleurs variées; la face principale offre un buste d'homme casqué. Même fabrique. Daté 1548.

73 — Deux cornets de pharmacie, décorés l'un de trophées en grisaille, sur fond bleu, et l'autre de rinceaux à

feuillages, avec médaillons ornés de figures. Même fabrique.

74 — Quatre petits vases de pharmacie, forme cylindrique, ornés de bustes. Même fabrique.

75 — Vase de forme cylindrique, fond bleu, décoré de fleurs à reflets métalliques très-vifs. Fabrique hispano-arabe. (*Pièce rare.*)

76 — Deux bouteilles de pharmacie, fond bleu clair, décorées de fleurs avec écussons armoriés. Fabrique d'Urbino.

77 — Quatre petites aiguières de pharmacie, décorées de fleurs sur fond bleu et de bustes formant médaillons. Fabrique de Castel Durante.

78 — Deux aiguières de pharmacie, avec décor et écussons à reflets métalliques; elles portent la date de 1605. Fabrique de Pesaro.

79 — Trois vases, forme potiche, avec couvercles; bel émail marbré. Fabrique de Venise.

80 — Deux beaux plats émaillés de brun, couverts d'arabesques très-riches, en relief, avec devise italienne. (*Pièces rares.*)

81 — Deux petites assiettes de Pesaro, décor formant réseau à reflets métalliques rehaussés de bleu et de blanc.

82 — Deux aiguières de formes variées, en faïence de Beauvais; bel émail vert, rehaussé de dorure.

83 — Deux vases à une anse, garnis en étain, à dessin camaïeu bleu. Fabrique de Nevers.

84 — Deux autres vases, à peu près de même forme, fond bleu, décorés de fleurs en camaïeu blanc et jaune. Même fabrique.

85 — Grande aiguière décorée de fleurs et d'oiseaux sur fond bleu; elle est garnie en étain. Même fabrique.

86 — Deux autres aiguières : l'une à fond bleu, décorée de fleurs; l'autre, blanche, à décor camaïeu bleu. Même fabrique.

87 — Très-grande aiguière en grès gris de Flandre, ornée de bas-reliefs représentant des figures allégoriques émaillées en bleu; elle porte la date de 1572.

88 — Autre grande aiguière de même forme et également ornée de bas-reliefs. Même fabrique.

89 — Aiguière en grès gris de Flandre, rehaussée d'émail bleu et ornée de bas-reliefs avec armoiries. Garnie en étain.

90 — Deux canettes à bière, en grès gris, décor à réseaux rehaussé d'émaux de couleur. Couvercles en étain.

91 — Autre canette à bière de même décor.

92 — Autre canette à bière, décor analogue, avec écussons armoriés et émaillés portant la date de 1660. Garnie en étain.

93 — Grande canette à bière en grès brun, ornée d'un bas-relief émaillé en couleur représentant un sujet de chasse.

94 — Autre canette semblable; celle-ci offre en bas-relief les Douze apôtres, avec inscription et écusson armorié.

95 — Deux canettes à bière de forme conique, en grès gris, ornées de figures en relief, avec date de 1593. Même fabrique.

96 — Deux autres, plus petites et de même forme, ornées de figures et armoiries.

97 — Deux petites cruches en grès gris, avec ornements en relief, émaillées de bleu et de violet, garnies en étain.

98 — Petite cruche en grès brun, décorée de bouquets de fleurs en relief émaillées en couleur et rehaussées d'or.

99 — Pot à tabac en grès brun, orné de fleurs et de figures en relief, garni en étain. Moderne.

100 — Canette à bière en verre rouge, garnie en étain.

101 — Trois vases formant fontaine en verre blanc de Venise. Les couvercles sont surmontés de fruits coloriés au naturel.

102 — Deux aiguières en cristal taillé de Bohême.

103 — Vase à deux anses avec couvercle, en verre craquelé de Venise.

104 — Bouteille de forme aplatie et à côtes en verre blanc incolore de Bohême.

105 — Grand flacon à pans en cristal gravé de Bohême ; le bouchon garni en argent doré.

106 — Deux jolies carafes à liqueurs, en cristal, décorées d'arabesques gravées, garnies en argent ciselé et doré.

107 — Deux petits barils en cristal de Bohême, garnis en argent.

108 — Quatre carafes en cristal gravé, ornées de côtes en fortes saillies et de deux anses.

109 — Deux grandes croisées, composées chacune de huit vitraux de couleur, représentant des sujets de sainteté. Quatorzième et quinzième siècles.

110 — Petit encrier du temps de Louis XIV, en cuivre argenté, orné de gravures.

111 — Sonnette italienne du seizième siècle, en métal, surmontée d'une figurine en bronze.

112 — Deux étagères à trois tablettes, soutenues par des consoles à enroulements en fer doré.

113 — Deux pots à eau à côtes, avec couvercles décorés de fleurs rehaussées d'or, en porcelaine du Japon. L'un d'eux est garni en argent.

114 — Autre pot à eau en porcelaine du Japon, d'un très-beau décor.

114 *bis*. — Belle soupière en porcelaine du Japon.

115 — Deux petites aiguières en porcelaine de Chine décorées de fleurs, et deux beurriers à couvercle.

116 — Beau sucrier à couvercle avec plateau en porcelaine du Japon, richement décorés. Ces pièces ont des garnitures en argent de l'époque de Louis XIV.

117 — Environ quatre-vingts assiettes et compotiers en porcelaine du Japon de décors variés.

118 — Onze boules en porcelaine de Chine.

119 — Deux crachoirs en porcelaine du Japon et une bouteille à une anse à dessin camaïeu bleu.

120 — Dix-sept petits bols en porcelaine de Chîne, de grandeur et décor variés.

121 — Dix tasses et quatorze soucoupes en porcelaine de Chine.

122 — Grande soupière et son plateau, en porcelaine du Japon, d'un décor très-riche rehaussé d'or.

123 — Autre soupière avec plateau, porcelaine de Chine, fond blanc, décor de fleurs en camaïeu d'or.

124 — Deux légumiers en porcelaine du Japon, décorés de fleurs.

125 — Douze plats ovales en porcelaine de Chine, de grandeur et décor variés.

126 — Deux saucières en porcelaine de Chine décorées de fleurs.

127 — Un légumier à couvercle, trois plats ovales, un plateau et six pots à crème en porcelaine de Chine à dessins camaïeu bleu.

128 — Belle carabine allemande à rouet, du seizième siècle; la monture entièrement incrustée de fleurs en ivoire gravé.

129 — Autre belle carabine à rouet, entièrement incrustée d'arabesques, avec sujets de chasse, en ivoire gravé. Très-beau travail allemand du seizième siècle.

130 — Un casque à grille et un devant de cuirasse en fer gravé. Travail italien du seizième siècle.

131 — Claymore écossaise, garde en fer découpé à jour.

132 — Épée allemande, avec pommeau et garde en fer uni et bleui.

133 — Forte épée italienne, garde à jour en fer.

134 — Autre épée italienne, garde et pommeau en fer découpé à jour.

135 — Deux grands fauchards italiens en fer avec armoiries; les hampes sont garnies en velours rouge.

136 — Deux hallebardes italiennes ; les fers en forme de trident, hampes garnies en velours rouge.

137 — Deux pertuisanes en fer en forme de fleurs de lis; hampes garnies en velours rouge.

138 — Deux autres pertuisanes en fer avec croissants; les hampes garnies en velours rouge.

139 — Poire à poudre allemande en cuir gaufré, garnie en fer.

140 — Bidon en coco sculpté aux armes de France, garni en cuivre.

141 — Épée du temps de Louis XIV; la poignée et la garde sont en bronze tonkin d'un travail fin.

142 — Batterie d'arquebuse en fer ciselé et découpé à jour. Travail espagnol du dix-septième siècle.

143 — Clef d'arquebuse italienne, en fer ciselé et découpé. Seizième siècle.

144 — Petit yatagan algérien, avec poignée et fourreau en argent repoussé.

145 — Poignard turc à lame courbe en damas noir, poignée en agate blanche enrichie de pierreries; fourreau en argent repoussé.

146 — Tenture en cuir gaufré et doré du temps de Louis XIV, composée d'environ quatre-vingts feuilles.

147 — Quatre grands rideaux de croisée, composés chacun de deux lés d'environ quatre mètres de hauteur, en damas cramoisi de Gênes.

148 — Grand tapis en moquette rouge, portant sept mètres sur quatre mètres vingt centimètres.

149 — Petit tapis de Smyrne, portant deux mètres quarante centimètres sur un mètre quarante centimètres.

Chambre à coucher renaissance

150 — Beau bouclier rond italien du seizième siècle, en fer gravé, décoré de bandes, d'arabesques très-fines et d'un beau style, disposées en rayons.

151 — Autre bouclier en fer gravé du même genre.

152 — Beau morion saxon en fer noirci, décoré de bandes, d'arabesques gravées et dorées, et offrant de chaque côté des cavaliers et des armoiries, également gravés et dorés.

153 — Autre morion semblable.

154 — Dix fers de hallebardes italiennes en fer uni. Ce lot sera divisé.

155 — Grand lit du temps de Henri IV, avec couronnement et plafond armoriés, supportés par des colonnes cannelées; le tout en bois sculpté rehaussé de dorures. Le fronton du dossier présente une armoirie soutenue par deux griffons ailés.

Ce beau meuble, d'une ornementation très-riche, est garni de ses lambrequins, rideaux et couvre-pieds en damas rouge, et il est placé sur une estrade à deux marches en velours rouge.

Haut. 3 m.

156 — Grande et belle cheminée en bois sculpté, ornée de cariatides, de mascarons et de nombreux ornements d'une grande richesse et d'un beau style, rehaussés de dorures. Elle est en outre enrichie d'émaux représentant des portraits de divers souverains de l'Europe. Toute la sculpture de ce meuble remarquable est italienne et exécutée par Jean de Nola au seizième siècle ; le parquet est orné du portrait en grandeur naturelle du roi Henri III, attribué à Janet.

Haut. 4 m. 12 cent.; larg. 2 m.

157 — Soufflet italien en bois sculpté avec rehauts d'or; la face principale est ornée de deux sirènes avec écusson armorié au centre; le bout, richement orné, est en bronze.

158 — Plaque intérieure de cheminée en fonte de fer, offrant les armes de France et du Dauphiné, avec la garniture en carreaux en faïence de couleur.

159 — Belle paire de chenets italiens en bronze, du seizième siècle, ornés de mascarons à têtes d'anges et sur pieds triangulaires; ils sont accompagnés de leurs fers du temps.

160 — Garniture de cheminée composée d'une pelle, une pincette, deux tisonniers en fer avec boutons en cuivre doré, et un garde-feu en cuivre.

161 — Grand coffre italien du seizième siècle, en bois sculpté, rehaussé de dorures, orné de cariatides, de trophées d'armes et de deux bas-reliefs représentant des sujets de l'histoire romaine; il est placé sur un socle sculpté supporté par des griffes de lion.

162 — Coffre à bijoux italien, également en bois sculpté, avec parties dorées, d'une sculpture fine très-ornée.

163 — Portique à fronton coupé, supporté par deux colonnes ornées de cannelures en spirale et de feuillages sculptés avec dorures; le fronton est en outre orné d'un bas-relief en faïence, genre della Robbia.

164 — Très-belle crédence du temps de François Ier, en bois sculpté avec dorures. Ce meuble, remarquable par la finesse et la beauté des ornements, offre sur chaque porte des bustes d'hommes en haut relief, et sur les

côtés des trophées d'armes alternés par des pilastres richement ornés d'arabesques et de trophées.

Haut. 1 m. 50 cent.; larg. 1 m. 20 cent.

165 — Autre crédence de même forme, en bois sculpté, ornée de bustes d'hommes et de femmes et rehaussés de dorure. La ferrure apparente en fer découpé à jour est de style gothique.

Haut. 1 m. 50 cent.; larg. 1 m. 30 cent.

166 — Deux petites torchères italiennes en forme de balustre, très-élégantes, en bois sculpté avec dorures.

167 — Petite table rectangulaire avec pied à balustre, auquel se rattachent quatre consoles sculptées, avec ornements dorés et incrustations de marbres fins.

168 — Guéridon à trépied en bois sculpté rehaussé d'or; les pieds, à griffes de lion, se terminent dans le haut par des serpents enroulés.

169 — Jolie table formant toilette, en bois sculpté, avec dorure; le pied, à entre-jambes, est orné de balustres. Elle est garnie intérieurement de trois pièces en faïence de Castelli.

170 — Deux petits guéridons formant torchères en bois sculpté, avec balustre orné de sculptures.

171 — Guéridon en bois sculpté, pied à balustre et tablette à six pans.

172 — Belle stalle en bois sculpté avec dorure, du temps de Louis XII. Elle est ornée d'arabesques du plus beau style et d'une légèreté d'exécution remarquable.

Haut. 2 m. 25 cent.

173 — Prie-Dieu à colonnes et étagère en bois sculpté, avec dorure, muni de son coussin en velours avec applications. Époque Louis XIII.

174 — Grand et magnifique canapé de style italien du seizième siècle, en bois, sculpté sur toutes les faces, avec rehauts d'or; orné de mascarons et de cariatides d'un très-beau style. Il est garni en velours vert, avec ornements d'application très-riches et d'une grande fraîcheur. Il est accompagné de ses deux coussins, de mêmes travail et époque.

175 — Deux fauteuils en bois sculpté de même style et également garnis en velours vert, avec ornements d'application sur toutes les faces.

176 — Deux grands fauteuils italiens du temps de Louis XIII, en bois sculpté, avec rehauts de dorure. Les pommeaux du dossier sont formés par des aigles; garniture en velours vert, avec ornements d'application du temps.

177 — Autre grand fauteuil à peu près semblable.

178 — Deux autres fauteuils du même genre.

179 — Petit fauteuil en bois sculpté, du même genre que les précédents.

180 — Deux escabeaux italiens en bois sculpté, avec ornements dorés; les dossiers ornés de sirènes. Du temps de Louis XIII.

181 — Quatre escabeaux italiens du même genre.

182 — Grand brasero italien en bronze, en forme de vasque, à deux anses, orné de godrons et d'imbrications.

Haut. 55 cent.; diam. 60 cent.

183 — Sculpture de haut relief en terre cuite émaillée, à l'imitation de della Robbia, représentant la Vierge à genoux devant son divin Fils.

184 — Belle vasque trilobée, avec trois anses formées de masques chimériques; elle est ornée intérieurement d'une peinture représentant la Pêche; l'extérieur est orné d'un paysage. Faïence italienne de la fabrique d'Urbino.

Diam. 50 cent.

185 — Deux grands vases forme bouteille, avec couvercles, décorés de sujets et d'arabesques. Fabrique de Ginori.

Haut. 60 cent.

186 — Deux grands vases de forme ovoïde, à deux anses formées par des serpents; ils sont décorés de sujets bibliques. Faïence de la fabrique d'Urbino.

Haut. 52 cent.

187 — Autre vase de même forme, avec anses à serpents. La peinture représente des sujets mythologiques. Même fabrique.

Haut. 54 cent.

188 — Deux autres vases semblables, ornés de sujets mythologiques. Même fabrique.

189 — Grande bouteille à couvercle, ornée de peintures et d'arabesques. Fabrique de Ginori.

190 — Deux coupes droites et à piédouche, avec ornements à reflets métalliques. Fabrique de Pesaro.

191 — Grand vase à une anse, orné d'un écusson armorié. Fabrique d'Urbino.

192 — Statuette de Vénus debout, formant flambeau, en faïence de Faenza. Le piédestal porte la date de 1635.

193 — Deux très-beaux vases, avec anses à serpents ornées de mascarons; ils sont décorés de peintures représentant des sujets historiques, et portent des écussons armoriés. Fabrique d'Urbino.

Haut. 48 cent.

194 — Quatre plats en faïence de la fabrique d'Urbino, représentant des sujets mythologiques.

194 *bis* — Trois plats avec personnages de la Comédie italienne.

195 — Deux gourdes ou bouteilles de chasse, décorées de peintures représentant des sujets de l'histoire romaine. Fabrique de Ginori.

196 — Vase à deux anses, décor à reflets métalliques sur fond bleu. Fabrique de Pesaro.

197 — Deux autres vases de même fabrique, décor d'arabesques à reflets métalliques sur fond blanc.

198 — Deux vases à côtes avec double bec et anse surélevée, décorés d'arabesques fantastiques. Fabrique de Ginori.

199 — Aiguière de forme élégante, décorée d'arabesques en grotesques sur fond blanc. Fabrique d'Urbino.

200 — Autre aiguière très-élégante, faïence marbrée. Fabrique italienne du seizième siècle.

201 — Coupe basse, dont la peinture représente un sujet mythologique. Fabrique d'Urbino.

202 — Autre coupe basse décorée d'arabesques sur fond blanc. au milieu un Amour; et deux petits plats dont un avec le monogramme du Christ.

203 — Deux vases de nuit en faïence, à l'imitation des faïences italiennes.

204 — Bénitier italien en faïence de Faenza, orné de figures de ronde bosse, avec armoirie; il est en outre orné d'une peinture représentant le Baptême de saint Jean.

205 — Lustre flamand, à douze branches et pendentifs, en cuivre poli. Époque Louis XIII.

206 — Autre lustre plus petit, semblable.

207 — Autre lustre semblable.

208 — Deux bras à trois branches, de même style, ornés de têtes d'anges formant consoles.

209 — Deux candélabres à pieds triangulaires en cuivre repoussé et doré; les trois branches sont formées par des rinceaux à feuillages. Époque Louis XIII.

210 — Pendule du temps de Louis XIII, en forme de campanile, à quatre cadrans, sonnant les quarts et les demies; elle est en cuivre doré, ciselé et gravé, et d'un bel effet.

211 — Autre pendule de mêmes forme et époque, également en cuivre doré et ornée d'arabesques gravées.

212 — Autre pendule allemande de mêmes forme et époque, en cuivre doré et gravé.

213 — Trois paires de flambeaux Louis XIII, à tiges carrées et ornements en relief, en cuivre doré.

214 — Deux girandoles à deux branches, supportées par des génies ailés; le pied est orné de mascarons à têtes d'anges; bronze doré.

215 — Jolie croix en cristal de roche; la monture, en cuivre doré, est ornée de têtes d'anges; un groupe de fruits, avec rocher en cristal de roche taillé dans la masse,

lui sert de soubassement, et repose sur un socle formant reliquaire, lequel contient la figure du Sauveur en cuivre doré. Époque Louis XIII.

216 — Une paire de flambeaux italiens du seizième siècle, en cristal de roche; les tiges, de formes élégantes, sont ornées de guirlandes gravées d'un travail très-délicat. Monture en cuivre doré.

217 — Petit calvaire en argent, en partie émaillé à froid et enrichi de grenats.

218 — Croix formant reliquaire, avec peinture sur cuivre représentant le Crucifix.

219 — Statuette de saint Jacques en jayet avec rehauts d'or. Travail espagnol.

220 — Triptyque composé de neuf plaques à peintures grisaille rehaussées d'or en émail de Limoges, représentant divers sujets de la vie du Christ. (Ecole de P. Rexmond.) Monture en bois.

221 — Deux chapelets, l'un en agate, l'autre en ambre, auxquels sont suspendus des médaillons, et reliquaire en argent et en cuivre, avec une miniature représentant Sainte Madeleine.

222 — Grand chapelet en cristal de roche, auquel sont suspendus une croix et un médaillon en même matière ainsi qu'une médaille en argent.

223 — Grand chapelet en ivoire, dont chaque grain est formé par des têtes d'hommes et de femmes, représentant les diverses conditions de la vie humaine. Au bas de ce curieux chapelet sont appendues deux croix doubles en cuivre.

224 — Bâton de confrérie en bambou, offrant un grand nombre de petits sujets saints gravés au burin. Seizième siècle.

225 — Livre d'heures, manuscrit sur vélin, orné de vignettes et miniatures. Quinzième siècle. Reliure en velours rouge.

226 — Autre livre d'heures, manuscrit sur vélin, de même époque, orné de vignettes. Reliure en maroquin vert.

227 — Livre d'heures imprimé sur vélin, par Simon Vostre. Fin du quinzième siècle. Chaque page est encadrée de vignettes sur bois représentant divers sujets et de nombreuses gravures à pleine page représentant des sujets bibliques. Reliure en veau.

228 — Autre livre d'heures imprimé en 1530, sur papier. Même genre que le précédent.

229 — Petite montre dont la boîte à pans, en cristal de roche, est montée en cuivre doré, du temps de Louis XIII. La chaîne, en argent doré, porte trois cachets formés de scarabées étrusques en améthyste, agate barrée et cornaline.

230 — Statuette en bronze florentin représentant un gladiateur debout. Piédestal en marbre jaune de Sienne.

231 — Crocodile antique en basalte noir. Pièce remarquable.

232 — Ecritoire en marbre blanc : lion couché, avec une sablière en bronze. Travail italien du seizième siècle.

233 — Mortier à deux anses, en bronze italien du seizième siècle. Il est orné au pourtour d'un bas-relief représentant des jeux d'enfants.

234 — Deux cariarides ailées en bronze italien, provenant d'anses de vase.

235 — Petite lampe italienne en bronze, avec ornements en relief.

236 — Lampe italienne en bronze du seizième siècle, formée par une figure d'homme dans une position grotesque. Socle en marbre jaune de Sienne.

237 — Un bas-relief en bronze, représentant le Jugement de Pâris, et une plaque de serrure de coffre italien en bronze.

238 — Encrier italien en bronze; le couvercle est surmonté d'une figurine debout, et la coupe supportée par trois sirènes, plus une figurine en bronze provenant d'une pincette.

239 — Deux sonnettes italiennes, ornées de figures et d'arabesques en relief; les manches sont formés par des figurines debout en bronze.

240 — Deux petites assiettes allemandes en étain, ornées de bas-reliefs représentant le Christ et les apôtres.

241 — Neuf clefs anciennes en fer découpé à jour et ciselé.

242 — Petit peson italien très-curieux, en cuivre ciselé, et un couteau dont la lame est gravée et dorée; manche en bois sculpté.

243 — Coffret en écaille de l'Inde, garni en argent, gravé et découpé. Travail allemand de l'époque de Louis XIII.

244 — Une boîte de pistolets moderne avec ses accessoires.

245 — Grand miroir, avec cadre à fronton richement orné d'applications en cuivre repoussé et découpé à jour sur fond de glace. Époque Louis XIII.

Haut. 1 m. 50 cent.; larg. 1 m.

246 — Autre grand miroir à peu près semblable. Mêmes dimension et époque.

247 — Vingt-quatre petits vitraux suisses, à peintures coloriées, représentant divers sujets et armoiries, avec leurs encadrements à bornes en verre blanc. (Ce lot sera divisé.)

248 — Deux petits tapis de Smyrne portant, l'un 2 mèt. 30 c. sur 1 mèt. 65 c.; l'autre 2 mèt. 40 c. sur 1 mèt. 45 c.

249 — Huit rideaux, composés chacun de deux lés, l'un en damas rouge, l'autre en damas vert, et portant environ 4 mèt. de haut.

250 — Petite torchère en bois noir, pied à balustre.

Chambre à coucher italienne

251 — Très-beau lit en fer doré, garni de ses pentes, rideaux, couvre-pieds et bonnes grâces en satin cramoisi, enrichi de bandes de guipure de Venise. Ce meuble remarquable, d'une grande fraîcheur, est surmonté de quatre panaches en marabout. Il est garni de son sommier élastique avec matelas et traversin couverts en étoffe de Naples à bandes rouges, jaunes et noires. L'estrade est en velours rouge.

252 — Grande cheminée en pierre sculptée du seizième siècle; la frise est formée de rinceaux à feuillages avec armoirie au centre; sculpture de haut relief sur fond doré. Cette frise est supportée par des colonnes en marbre surmontées de consoles sculptées.

Haut. 1 m. 80 cent.; larg. 1 m. 80 cent.

253 — Belle paire de feux italiens de la fin du seizième siècle, en bronze; ils sont ornés de figures de femmes enchaînées; les socles triangulaires reposent sur les ferrures du temps, formées d'enroulements.

254 — Grande plaque de cheminée en fonte de fer, offrant en bas-relief un sujet mythologique, avec les car-

reaux en faïence de couleur garnissant l'intérieur de l'âtre.

255 — Quatre pièces formant la batterie de cheminée, en fer forgé et découpé à jour. Travail italien du seizième siècle.

256 — Grand lustre à douze lumières, en verre de Venise, orné de fleurs et de palmes de couleurs variées.

257 — Deux girandoles à trois branches en verre de Venise, de même décor que le lustre.

258 — Beau cabinet italien en ébène avec incrustation et marqueterie d'ivoire enrichie de pierreries; l'intérieur est orné de colonnettes torses en verre opale, alternées de figurines en bronze doré, et renferme de nombreux tiroirs richement ornés. Ce beau meuble, qui est posé sur un pied formant console, dont les enroulements sont découpés à jour avec incrustations de marbre de couleur, renferme une vitrine à étagère.

259 — Autre meuble semblable.

260 — Cabinet italien en ébène, garni de tiroirs ornés de plaques en ivoire gravé au burin, représentant des sujets tirés de l'histoire romaine et de la mythologie. Au centre est un portique à une seule porte, renfermant de nombreux et petits tiroirs de même travail. Ce meuble curieux est garni en cuivré doré.

261 — Meuble fermant à deux portes avec tiroirs au-dessus, en marqueterie d'ivoire; les angles sont ornés de cariatides dont les têtes sont en ivoire. Ouvrage curieux, exécuté aux colonies espagnoles; dessus en marbre noir.

262 — Meuble à trois corps superposés, en ébène, marqueté d'étain et de bois, garni de nombreux tiroirs et fermant à plusieurs vantaux, époque Louis XIII; le haut est surmonté de figures d'anges en cuivre argenté.

263 — Grande pendule en bois d'ébène enrichi d'incrustations en matières précieuses, style Louis XIII, de forme monumentale, à fronton coupé, supporté par des colonnes en jaspe fleuri rouge à chapiteaux corinthiens en cuivre doré, surmonté par une figure allégorique en bronze doré et supportée par des lions en bronze doré. Le pied, de mêmes style et travail, est orné de colonnes et pilastres en jaspe fleuri rouge. La clef, en découpé à jour en bronze doré, est enrichie d'écussons armoriés émaillés sur cuivre.

Haut. 2 m. 40 cent.; larg. 1 m.

264 — Très-belle table italienne du seizième siècle, à pied, pliant, entièrement chargée, sur toutes ses parties, d'arab sques et figures, incrustée en ivoire et en nacre de perle gravés. Cette pièce est remarquable par la richesse du travail.

Long. 1 m. 35 cent.; larg. 65 cent.

265 — Autre table italienne, de même forme que la précédente. Elle est plaquée en écaille rouge, avec incrustations d'ébène et filets d'ivoire.

Long. 1 m. 25 cent.; larg. 63 cent.

266 — Autre table italienne du même genre, plaquée en ébène, avec parties marquetées en ivoire.

Long. 1 m. 30 cent.; larg. 65 cent.

267 — Deux petits guéridons à tablettes rectangulaires, pieds à balustres avec consoles ornées de dorures.

268 — Pupitre italien du seizième siècle, en bois brun, chargé d'incrustations très-riches en ivoire et en nacre de perle.

269 — Boîte carrée, formant écritoire, couvercle à coulisse, chargée d'incrustations de bois et ivoire.

270 — Huit chaises italiennes en ébène, décorées d'incrustations et de marqueterie en ivoire, style de la fin du seizième siècle; le siége est garni en velours rouge, avec ornements d'application en velours vert.

271 — Deux fauteuils carrés, style Louis XIII, italiens, couverts en velours noir, avec ornements d'applique en cuivre repoussé et découpé à jour.

272 — Miroir vénitien, dont le cadre et le fronton sont en glace étamée, avec ornements découpés également en glace étamée.

Haut. 1 m. 70 cent.; larg. 95 cent.

273 — Autre miroir semblable, avec quelques variantes dans les ornements. Mêmes dimensions.

274 — Autre beau miroir vénitien, du même genre; le cadre et le fronton sont en verre bleu.

Haut. 1 m. 50 cent.; larg. 80 cent.

275 — Quatre grands rideaux de croisée en étoffe de soie cramoisie, enrichis de bandes de guipure de Venise; portant environ $4^{m},15$ de haut, avec lambrequins également enrichis de guipure.

276 — Seize panneaux de vitraux de croisée, décorés en grisaille, d'après les vitraux du château d'Ecouen. Chaque pièce porte 70 c. de haut sur 50 c. de large.

277 — Buste de Néron enfant, en marbre blanc. Belle sculpture du seizième siècle. Chlamyde et piédouche en marbre de couleur.

278 — Grand bassin ovale, orné de godrons en cuivre repoussé; les anses sont formées par des enroulements de forme très-élégante. Travail florentin du seizième siècle.

279 — Grand vase formant fontaine et biberon, en cuivre repoussé, orné d'arabesques en relief. Même travail, avec anse mobile.

280 — Grand bassin vénitien en cuivre, de forme circulaire, décoré, en dedans et en dehors, d'arabesques de style mauresque gravées avec inscriptions en caractères arabes.

281 — Vase vénitien avec biberon à tête de monstre et anse surélevée, en cuivre poli.

282 — Coffre-fort fermant à secret, en bois, bardé de fer, découpé à jour et enrichi de consoles formées d'enroulements. Époque Louis XIII.

283 — Petite pendule italienne du seizième siècle, formée par un lion héraldique en bronze doré, dont la mâchoire et les yeux sont mobiles. Le piédestal, en bois d'ébène, renfermant le mouvement, est garni de glaces sur toutes ses faces.

284 — Encrier italien, formé par une figurine de Satyre assis, qui tient une corne d'abondance servant de chandelier. Bronze florentin du seizième siècle, socle en bois.

285 — Deux petits heurtoirs de porte en bronze florentin, formés par des sirènes.

286 — Écusson à huit pans, espèce de reliquaire pour ornement d'autel. Sur pied à balustre élevé; le tout en cuivre doré avec partie émaillée, et enrichi de coraux et de lapis. Pièce d'une grande richesse. Époque Louis XIII.

287 — Les douze empereurs romains, bustes peints en grisaille, sur médaillons en émail de Limoges.

288 — Joli petit vase en verre vert de Venise, avec monture à deux anses, en cuivre doré.

Verre de Venise

289 — Grande et belle aiguière, en verre incolore, ornée de cercles d'ornements et d'un écusson armorié, émaillés sur fond doré. Pièce remarquable par son volume.

290 — Bassin vénitien, en verre incolore, gravé à la pointe de diamant.

291 — Coupe basse, à piédouche, en verre incolore, ornée d'imbrications et d'un écusson armorié, émaillés en couleur sur fond doré.

292 — Autre coupe du même genre, sans armoiries.

293 — Coupe basse à bosselages, avec bordure émaillée.

293 *bis* — Deux grands plateaux en verre incolore.

294 — Deux plateaux à piédouche élevé, verre incolore, avec cercle d'entrelacs en verre bleu.

295 — Petite coupe à piédouche, à filigrane blanc disposé en rayons.

296 — Deux beaux vases à bosselages et godrons, en verre incolore, avec cercles en verre bleu.

297 — Deux vases à deux anses, verre incolore, ornés de mascarons en verre bleu.

298 — Coupe à bord droit et piédouche, verre incolore, ornée d'un cercle d'ornements émaillés sur fond doré.

299 — Vidrecome de forme cylindrique dont le piédouche, cannelé, est en verre bleu pailleté d'or; la coupe, en verre incolore, est ornée de deux cercles d'ornements à points d'émaux de couleur sur fond doré. Quinzième siècle.

300 — Deux verres évasés, très-légers et de formes variées.

301 — Grande coupe à piédouche, verre incolore flambé d'émail blanc.

302 — Vase à deux anses, de forme élégante.

303 — Deux petits pots à une anse, de forme antique; verre incolore.

304 — Cinq paires de flambeaux en verre incolore. Seront vendus par paire.

305 — Deux autres flambeaux dépareillés.

306 — Coupe à côtes en verre incolore; le piédouche est en verre violet.

307 — Bassin circulaire à filigrane blanc.

308 — Coupe à côtes et piédouche élevé, ornée de cercles en verre bleu.

309 — Aiguière à anse et goulot en verre incolore, ornée de mascarons dorés.

310 — Petite vasque à deux anses avec mascarons dorés, ornée de tubercules et cerclée en verre bleu.

311 — Autre vasque en verre craquelé gris, à bord festonné; au centre est un tubercule du même travail.

312 — Coupe basse à piédouche, verre incolore, ornée d'une bordure émaillée sur fond doré.

313 — Coupe à pied élevé à filigrane blanc.

314 — Coupe basse sur piédouche, à filigrane blanc en spirale.

315 — Coupe festonnée sur piédouche élevé, à filigrane d'émail blanc.

316 — Vase à deux anses, de forme antique, à filigrane blanc, disposé par bandes verticales.

317 — Petit pot à une anse, dont l'ouverture est ornée de filets d'émail blanc.

318 — Vase de forme bizarre, sur pied à balustre élevé, orné de mascarons.

319 — Coupe mince très-légère, à bord ondulé; le pied élevé est orné de deux petites anses bleues.

320 — Joli verre en forme de fleur à trois tiges en spirale; le pied et le bord de la coupe sont ornés de filets bleus.

321 — Verre de pharmacie en forme d'oiseau à ornements bleus.

322 — Petite bouteille de forme aplatie et à côtes, verre incolore, avec deux petites anses bleues.

323 — Bouteille à long col en verre incolore, renfermant un bouquet de fleurs en émaux de couleur.

324 — Vase à deux anses avec couvercle, orné de cercles à filigrane blanc.

325 — Petit plat à bandes de filigrane blanc disposées en rayons.

326 — Coupe à deux anses en verre craquelé, le bord orné d'un filet en émail blanc.

327 — Autre coupe de même qualité; le bord est orné d'un filet bleu.

328 — Vase sur pied à balustre élevé, verre gaufré rehaussé de dorures.

329 — Plateau à piédouche, en verre craquelé.

330 — Deux petits seaux à anse mobile, en verre craquelé, ornés de cercles bleus.

331 — Bouteille de pharmacie à col tordu et ornements bleus.

332 — Vase de forme bizarre, figurant à la fois une guitare et un oiseau, avec ornements en verre bleu.

333 — Plateau à piédouche élevé, orné d'un cercle d'entrelacs bleus.

334 — Vase à deux anses renfermant une sphère en verre bleu.

335 — Aiguière de forme antique, ornée de cercles bleus.

336 — Vase à côtes et à deux anses ; à l'intérieur est un tubercule à côtes, en verre bleu.

337 — Coupe à piédouche, ornée de cercles bleus.

338 — Plateau à piédouche, en verre vert.

339 — Trois petits tapis de Smyrne.

340 — Petite table pliante en ébène marqueté d'ivoire.

341 — Écritoire en ébène, marqueté en ivoire, avec godets en cristal garnis en cuivre doré, et cachet formé par une statuette d'Hercule debout, armé de sa massue.

342 — Guéridon à tablette rectangulaire, en ébène incrusté d'ivoire et de malachite.

343 — Coffre de toilette vénitien en bois noir, à compartiments et rinceaux découpés, décoré d'arabesques d'or et incrusté de matières précieuses.

344 — Miroir de toilette de mêmes style et travail.

345 — Pied de lavabo en fer très-ouvragé, peint et doré.

346 — Horloge de bureau à six pans, en cuivre doré, du temps de Louis XIII; les pans sont ornés de plaques d'agate.

347 — Miroir du temps de Louis XIII; cadre en cuivre repoussé.

348 — Miroir de toilette à huit pans, richement garni d'ornements découpés à jour.

349 — Petit miroir carré, cadre en bois incrusté de nacre de perle et de cuivre.

350 — Deux paires de flambeaux Louis XIII, à tiges carrées, avec ornements en relief, cuivre doré.

351 — Statuette d'Hermaphrodite couchée, en terre cuite, sur socle en marbre vert de mer.

352 — Une paire de chenets italiens en bronze, avec les supports en fer. Époque Louis XIII.

353 — Deux grattoirs vénitiens en fer gravé et doré, manches en ivoire.

354 — Une paire de ciseaux Louis XIII; les anneaux sont en cuivre doré

355 — Figurine de style égyptien en serpentine, et une tête de taureau en ivoire.

356 — Divers panneaux gothiques en bois sculpté, du seizième siècle.

357 — Buste de nègre en bas-relief, en marbre noir, avec un médaillon en bronze doré représentant Pie V.

358 — Miniature représentant Lucrèce se donnant la mort; cadre en cuivre repoussé et découpé à jour.

359 — Presse-papier en mosaïque de Florence.

360 — Chaise percée, en bois de poirier, ornée de marqueterie et filets en ivoire.

361 — Six petits rideaux en damas de soie rouge.

Haut. 2 m.

362 — Peinture grisaille sur émail de Limoges, représentant L'Amour corrigé par Vénus, cadre en bois noir.

363 — Deux vitraux peints en grisaille, et deux autres armoriés, avec chiffres en couleur.

364 — Triptyque italien du quinzième siècle, peint sur fond doré, représentant au centre la Vierge, saint Pierre et saint Paul; sur les volets, saint Laurent, saint Jacques, saint Jean et sainte Catherine.

365 — Frise à fond doré, ornée de bustes représentant le Christ bénissant et les apôtres, dans le style de Giotto.

366 — Boîte italienne plaquée en ivoire et écaille, contenant des cartes à jouer et huit jetons en filigrane d'argent de Gênes.

Salon

367 — Très-grande et belle console rocaille italienne, de l'époque de Louis XIV, formée d'enroulements très-riches et ornée d'un beau mascaron à face humaine. Dessus en marbre blanc.

Pièce remarquable par sa richesse et sa dimension.

Larg. 1 m. 65 cent.; profond. 75 cent.

368 — Deux jolies torchères en bois sculpté et doré, formées par des figures de nègres portant des tambours de basque.

Haut. 1 m. 35 cent.

369 — Table de milieu, de forme octogone, à huit pieds, en bois richement sculpté et doré, style rocaille Louis XIV. L'entre-jambes est orné d'un groupe de deux Amours; la tablette, en stuc d'Italie, imite la mosaïque de Florence.

370 — Deux tables de jeu en marqueterie de cuivre sur écaille rouge, garnies de bronzes dorés.

371 — Écran Louis XV, en bois sculpté et doré, garni en tapisserie au petit point, représentant la Chute de Phaéton.

372 — Très-beau meuble de salon, en bois sculpté et doré, de l'époque de Louis XIV; composé de deux grands canapés avec quatre coussins et douze fauteuils, couvert en velours à parterre de Gênes, à dessins verts sur fond jaune d'or.

373 — Petite console d'entre-deux à quatre pieds et entrejambes, en bois sculpté et doré, style Louis XV. Tablette à moulures en marbre blanc.

374 — Jolie étagère à deux gradins, style rocaille de l'époque de Louis XIV, en bois sculpté et doré.

375 — Deux petites étagères à trois tablettes, même style, en bois sculpté et doré.

376 — Quatre petites étagères d'encoignure à trois tablettes en bois sculpté et doré; style rocaille du temps de Louis XV.

377 — Deux autres petites consoles semblables, en blanc.

378 — Six consoles formant cul-de-lampe, en bois sculpté et doré; style rocaille avec buste de nègre de ronde bosse, en noir.

379 — Douze autres consoles d'encoignure du même genre, également riches de sculpture.

380 — Jolie paire d'appliques-porte-lumière à trois branches et à fond de glace gravé à figures; cadre en bois sculpté et doré. Travail vénitien.

381 — Deux autres à peu près semblables.

382 — Joli guéridon avec pied à balustre richement sculpté et doré dans le style Louis XIV. La tablette, de forme rectangulaire, en mosaïque de Florence, représentant un bouquet de fleurs d'une exécution remarquable, est entourée d'une riche moulure avec têtes de béliers aux angles, en bronze doré.

383 — Statuette d'Antinoüs debout, en marbre blanc. Sculpture italienne d'une bonne exécution, signée, sur fût de colonne en marbre brèche d'Italie.

Haut. 1 m.

384 — Brasero circulaire en cuivre repoussé, élevé sur trois pieds et orné d'une moulure ondulée, avec anses mobiles. Époque Louis XIV.

385 — Grande pendule, style Louis XV, en bronze doré, ornée de figures représentant l'Enlèvement d'Europe.

386 — Deux girandoles à cinq lumières supportées par des groupes de figures, en bronze doré.

387 — Quatre paires de flambeaux, style Louis XIV, pieds et balustres très-riches d'ornements ciselés et dorés. Ce lot sera divisé.

388 — Autre paire de flambeaux de même style, pied et balustre à pans.

389 — Paire de feux anciens du temps de Louis XIV, en forme de vases ornés de mascarons, bronze doré.

390 — Garde-cendre en cuivre, en couleur.

391 — Deux porte-pincettes en cuivre doré, garnis de leurs accessoires de même style, et un garde-feu à trois feuilles grillées en cuivre.

392 — Deux grandes girandoles à cinq lumières, supportées par des figures portant des cornes d'abondance ; elles sont placées sur des supports ornés de sirènes · le tout en bronze doré.

393 — Mouchettes avec porte-mouchettes en cuivre doré de l'époque de Louis XIV.

394 — Girandole à deux lumières avec ses mouchettes et le porte-mouchettes, du temps de Louis XIV. Bronze doré.

395 — Très-grand bol en porcelaine de Chine, richement orné de fleurs en dedans et en dehors, sur pied orné de six lions en bronze doré.

Diam. 53 cent.

396 — Deux grands vases à couvercle, en porcelaine du Japon, à décor camaïeu bleu très-riche, avec belles montures en bois sculpté et doré.

Haut. des vases, 1 m.; haut. totale avec la monture, 1 m. 45 cent.

397 — Deux vases à couvercle en belle porcelaine du Japon, avec riche décor rehaussé d'or. Monture en cuivre doré.

397 *bis* — Deux compotiers et deux plateaux festonnés, en porcelaine du Japon; belle qualité.

398 — Beau vase de forme élégante avec couvercle en porcelaine du Japon, fond rouge impérial à décor camaïeu d'or, qualité rare et précieuse. Monture rocaille en bronze doré.

Haut. 70 cent.

399 — Deux fontaines de forme conique, à trépied avec couvercle en porcelaine du Japon, fond rouge à dessin camaïeu d'or et médaillons d'oiseaux symboliques.

400 — Autre fontaine de mêmes forme et qualité, avec médaillons à paysages.

401 — Service à thé en porcelaine du Japon de mêmes couleur et qualité, composé de vingt-neuf pièces, tasses, théières, pots au lait, etc. Ce lot pourra être divisé.

402 — Quatre chiens et un bol en porcelaine rouge du Japon.

402 *bis* — Quatre tasses et soucoupe en porcelaine du Japon, fond rouge.

403 — Deux coqs en pendant, en porcelaine du Japon ; belle qualité.

404 — Grand bol fond bleu à médaillons avec paysages; porcelaine du Japon de belle qualité, pied rocaille en bois doré.

Diam. 40 cent.

405 — Beau vase à couvercle en porcelaine du Japon, à décor rouge et bleu très-riche; belle qualité. Monté en pot-pourri, en bronze doré.

406 — Deux petits plateaux de formes variées en porcelaine du Japon, décorés de fleurs.

407 — Lustre, modèle de Boule, à seize lumières, en bronze doré et ciselé.

408 — Grand plat en porcelaine du Japon, riche décor rehaussé d'or.

Diam. 55 cent.

408 *bis* — Deux saladiers en porcelaine du Japon, décorés de fleurs.

409 — Cinq plats en porcelaine du Japon, qualité très-ancienne.

410 — Deux beaux plats à pans, décor fond bleu avec armoiries; très-belle qualité.

411 — Deux autres grands plats à décor très-riche formant rosaces.

Diam. 45 cent.

412 — Belle garniture de cinq pièces, potiches et cornets en porcelaine du Japon, décor bleu clair orné de médaillons d'oiseaux, avec rehauts d'or.

413 — Autre garniture à peu près semblable.

414 — Deux cornets en porcelaine du Japon, beau décor.

415 — Beau service pour thé et café, composé de vingt-deux pièces, en porcelaine de Capo di Monte. Chaque pièce est ornée de bas-reliefs très-fins représentant des sujets mythologiques; belle qualité ancienne. Quelques pièces sont de fabrication moderne de Ginori.

416 — Deux beaux vases à anses, en porcelaine de Ginori, à l'imitation de la fabrique de Capo di Monte; ils sont ornés de bas-reliefs à sujets mythologiques.

417 — Une petite nacelle et un lion dévorant un cheval, en porcelaine de Capo di Monte.

418 — Groupe de deux figures, berger et bergère, en porcelaine de Capo di Monte, et une petite figuriue d'homme, debout.

419 — Deux grandes figures formant flacons, et une veilleuse en porcelaine d'Allemagne.

420 — Deux boîtes en porcelaine de Chantilly: l'une, décorée de fleurs, est garnie en argent; l'autre, ronde, à sujets de chasse, est garnie en cuivre doré.

421 — Deux boîtes carrées, l'une en émail de Saxe, l'autre en porcelaine de Chine; elles sont garnies en cuivre.

422 — Deux flacons en porcelaine de Chine, gravés en argent doré, et deux autres en émail, formés par des têtes d'enfant.

423 — Boîte ovale en argent doré, ornée dessus et dessous de fines mosaïques de Florence, dont les fleurs sont en turquoise.

424 — Boîte à cigares en bronze tonkin.

425 — Encrier chinois, formé d'un groupe d'animaux chimériques en cristal de roche. Son socle en bois de fer.

426 — Boîte oblongue en filigrane d'argent. Travail de Gênes.

427 — Coupe ronde en agate baignée, montée sur un cheval en bronze doré.

428 — Plat en émail sur cuivre, de Chine, décoré de fleurs, avec une armoirie au centre. Monture rocaille en bronze doré.

429 — Trois boîtes en argent ciselé, l'une ovale et les deux autres forme coquille.

430 — Boîte forme coquille, en argent doré; le couvercle est orné d'un bas-relief.

431 — Boîte carrée, montée en argent, ornée de bas-reliefs, sur nacre de perle.

432 — Boîte-oblongue, en cristal de roche, garnie en argent doré.

433 — Boîte formée d'une coquille du genre Ciprera, ornée de buste et trophée, formant camée. Monture en argent.

434 — Un étui à pans et un lion en cristal de roche.

435 — Deux petites boîtes et un pose-cigare en filigrane d'argent doré, de Gênes.

436 — Trois petits flacons en verre, dont deux sont garnis en argent.

437 — Boîte, forme coquille, en cristal de roche, garnie en argent.

438 — Trois éventails anciens en ivoire, ornés de miniatures.

— Grand éventail en nacre de perle, orné de miniatures, avec étui en velours rouge.

440 — Deux miniatures, portraits de femmes du temps de Henri III, l'une sur tôle, l'autre sur ardoise.

441 — Deux grands rideaux avec lambrequins et embrasses, en damas de soie cramoisie, de Gênes, en belle qualité et très-frais, portant environ 3 m. 50 c. Ils sont accompagnés de leurs galeries, richement ornées et dorées.

4. m. 50. –
6. m 50

442 — Deux beaux portraits au pastel, représentant Louis XV et Marie Leczinska; cadres ovales en bois doré.

5. 443 — Grand tapis de Smyrne à haute laine, portant 5 m. 50 c. sur 4 m. 50 c.

444 — Petit tapis de foyer, de Smyrne.

445 — Deux coffres à bois couverts en tapisserie au point et bandes de velours de soie verte.

Jardin

446 — Deux vases forme Médicis, sur fûts de colonnes cannelées, ornés de draperies sculptées, le tout en marbre blanc.

447 — Statuette de Silène, sur fût de colonne en marbre blanc.

448 — Table et chaises en fer; une tente en coutil à raies.

449 — Six orangers.

Chambres d'amis

450 — Commode Louis XV en bois violet, ornée de cuivres; dessus de marbre.

451 — Petit meuble à deux vantaux en bois satiné; dessus de marbre griote.

452 — Petit bureau plaqué en bois de rose, garni de deux tiroirs.

453 — Petite pendule Louis XVI, marbre blanc et bronzes dorés au mat.

454 — Table de toilette garnie de soie rouge et guipure, un lambrequin de cheminée en soie et un coussin de même étoffe.

455 — Garniture complète de cheminée, composée d'une paire de chenets, garde-feu, garde-cendres, pelle, pincette et tisonnier en cuivre, plus une corbeille à coke en fer, soufflet et balai d'âtre.

456 — Grand bassin chinois en bois laqué.

457 — Lit en fer avec son sommier, un matelas, un traversin, un oreiller, deux couvertures de laine et une de coton, courte-pointe et housse en toile perse.

458 — Un canapé avec deux coussins et deux fauteuils en bois d'acajou, couverts en damas de laine, avec housses en perse à fleurs.

459 — Six chaises de paille, dont deux avec housses, et six petits rideaux en perse à fleurs.

460 — Tapis à bandes de couleur, et cinq petits tapis de foyer et descentes de lit en tapis de Smyrne. — Ce lot sera divisé.

461 — Canapé garni de ses coussins couverts en soie.

462 — Lit Louis XVI en bois peint, avec sommier et deux matelas, oreiller et traversin, rideaux et couvre-pieds en perse, deux couvertures de laine, quatre rideaux en perse.

463 — Toilette du temps de Louis XVI, en bois d'acajou.

464 — Deux commodes en bois de noyer.

465 — Une table de nuit et une toilette en bois de noyer, et un petit bureau en noyer.

466 — Grand fauteuil pliant en bois de chêne, garni en velours de laine rouge.

467 — Petite pendule à figure en bronze doré.

468 — Cinq plateaux en tôle vernie et une boîte à thé en bois laqué.

469 — Deux consoles en bois sculpté et doré.

470 — Petit miroir Louis XVI, cadre sculpté et doré.

471 — Trois petites glaces, avec cadre doré.

472 — Petit lit en fer avec sommier, un matelas et trois couvertures.

473 — Quatre rideaux en perse et une petite commode en noyer.

474 — Petite table à volets, une table de nuit et une chaise percée en bois de noyer.

475 — Deux grands fauteuils en bois de chêne, garnis en lustrine verte.

476 — Un canapé avec trois coussins couverts en damas cramoisi.

477 — Quatre bibliothèques à deux corps en bois de chêne.

478 — Petit lit en fer avec sommier élastique, un matelas, oreiller, traversin, trois couvertures de coton et courte-pointe en perse, rideaux de même étoffe, et descente de lit.

479 — Petite console à colonnes en bois d'acajou, et une table de nuit aussi en acajou.

Cuisine

480 — Divers ustensiles de cuisine, tels que casseroles en cuivre, seaux à charbon de terre, bouilloires, flambeaux, faïence, etc., etc., seront vendus par lot.

TABLEAUX

481 — Portrait en pied d'un prince italien en costume de guerre de l'époque du seizième siècle; peinture sur toile, cadre doré et sculpté.

482 — Portrait d'une grande dame italienne en riche costume du seizième siècle, conversant avec une religieuse qui semble lui faire une exhortation sur un crâne humain; cadre sculpté et doré.

483 — Portrait de la duchesse d'Entraigues, peint sur toile, cadre doré.

484 — Portrait du duc de Mayenne, sur bois, cadre doré.

485 — Portrait de Roger de Saint-Lary, duc de Bellegarde, cadre doré; bois.

486 — Portrait de Francis Vaesi, duc d'Alençon.

487 — Portrait de femme en costume du règne de Henri IV, peint sur toile; cadre doré.

488 — Portrait de Jean de Médicis, fils de Laurent le Magnifique; cadre doré.

489 — Deux portraits de dames vénitiennes en riche costume du seizième siècle; cadre doré.

490 — Portrait du roi Louis XIII, peinture italienne sur bois.

491 — Portrait d'une dame italienne tenant son livre d'heures, en costume du seizième siècle ; cadre doré en bois sculpté.

492 — Portrait d'un jeune enfant en costume italien très-riche du temps de Henri IV ; cadre sculpté et doré, découpé à jour.

493 — Portrait de Vittoria Colona en riche costume du seizième siècle ; cadre sculpté et doré.

494 — Trois frises, jeux d'enfants (école italienne) ; cadre doré.

495 — Peinture sur bois représentant l'Enlèvement de Ganimède, d'après la composition de Michel-Ange ; dans un riche cadre sculpté, rehaussé de dorure.

496 — Portrait de Marie, reine d'Angleterre (1515) ; cadre en écaille et ébène.

497 — Portrait d'homme en pied, costume du temps de Charles Ier ; cadre écaille et ébène.

498 — Portrait de femme du règne de Louis XIV, peinture sur bois ; cadre en écaille et ébène.

499 — Tête de Christ, peinture sur bois (école italienne) ; cadre en ébène avec arabesques d'or.

500 — Quatre paysages avec figures, attribués à Salvator Rosa; cadres sculptés et dorés.

501 — Joli paysage avec figures dans la manière de Both d'Italie; cadre doré.

502 — Quatre bouquets de fleurs peints sur bois (école italienne); cadres dorés.

503 — Vénus et l'Amour, peinture sur bois (école italienne); cadre sculpté et doré.

504 — Vénus à la Coquille, d'après le Titien; cadre doré.

505 — Diane et Endymion (sur bois); cadre sculpté et doré.

506 — Trois peintures sur panneaux représentant des figures allégoriques d'enfants (école italienne); cadre doré.

507 — Le portrait de Jeanne de Naples en costume du seizième siècle; cadre sculpté et doré.

508 — Le portrait de Cenci, bonne copie par Mazzolini, d'après le Guide; cadre doré.

509 — Jeune marin assis près du port, peinture moderne faite à Naples; cadre doré; et le portrait d'un jeune soldat, aquarelle; cadre doré.

510 — Le portrait de don Fernando d'Espagne, sur toile, et celui de Felipe d'Espagne; cadres en bois sculpté et doré.

511 — Deux portraits, celui d'Alexandre Farnèse, duc de Parme, et celui d'une princesse italienne, pendant du précédent ; cadre sculpté et doré.

512 — Portrait de femme italienne en riche costume de l'époque de Henri IV, sur bois ; cadre sculpté et doré.

513 — Deux beaux portraits, homme et femme vus à mi-corps, en riches costumes italiens du seizième siècle ; cadres en bois sculpté et doré.

514 — Deux autres grands portraits d'homme vus à mi-corps, représentant, l'un, Bartolomæus, seigneur italien, en armure très-riche du seizième siècle ; l'autre, le portrait de Sforza, également en costume de guerre ; cadres en bois sculpté avec ornements dorés.

515 — Portraits de Henri IV et de Marie de Médicis, bustes peints sur toile ; cadres en bois sculpté rehaussés d'or.

516 — Portrait d'Elisabeth d'Autriche, reine de France, d'après Janet ; même cadre.

517 — Portrait de Jeanne d'Albret, reine de Navarre ; même cadre.

518 — Portrait de Louis XIII en costume de cour ; même cadre.

519 — Portrait d'homme en costume italien de la fin du seizième siècle. Sur panneau, avec armoirie ; cadre id.

520 — Portrait d'un jeune prince d'Orange, d'après Lucas de Leyde. Sur panneau ; cadre idem. 500.

521 — Portrait de Jeanne II, reine de Naples. Sur panneau; cadre idem.

522 — Portrait d'un jeune garçon en riche costume, commencement du dix-septième siècle. Sur panneau ; cadre idem.

523 — Portrait sur bois de Gaspard de Coligny; cadre idem. 400.

524 — Portrait de Diane de Poitiers faisant de la musique. Toile ; cadre sculpté avec dorure. 280.

525 — Portrait d'une princesse italienne en riche costume du seizième siècle. Cadre idem.

526 — Portrait de Julianus M. E. D. Lavis. Sur bois ; cadre id.

527 — Deux autres portraits, personnages inconnus. Sur panneaux ; cadre idem.

528 — Cinq petits portraits de femmes. Sur panneaux, cadres en écaille et ébène.

529 — Tableau d'après Paul Véronèse, représentant un chien historique avec son gardien. Cadre en bois noir laqué avec arabesques d'or.

530 — Deux peintures sur cuivre, représentant des saintes. Cadres en écaille et ébène.

531 — Sainte Catherine debout. Sur panneau provenant d'un triptyque.

532 — Quatre panneaux de volets de retable, représentant des patriarches.

533 — Deux saints évêques, peints sur panneaux à fond doré. Quinzième siècle.

534 — Portrait de femme peint sur panneau (Jeanne d'Albret).

535 — Deux petits tableaux sur toile : Paysage italien et Baigneuses.

536 — Portrait en miniature d'un cardinal. Médaillon ovale.

537 — Portrait d'homme en pied, en costume de chasseur italien. Époque Louis XIII.

538 — Portrait de femme italienne, en riche costume du seizième siècle.

539 — Trois petits paysages sur toile. École italienne. Cadre sculpté, non doré.

540 — Jupiter et Léda. Cadre doré.

541 — Jeunes Amours jouant avec des fleurs. Cadre sculpté et doré. École italienne.

542 — Joseph et la femme de Putiphar. Ovale sur panneau, cadre doré.

543 — Portrait de Louis XIII. Sur toile, cadre très-riche, sculpté en partie, doré.

544 — Cadres anciens en bois sculpté, qui seront vendus par lots.

Argenterie

545 — Un grand vidrecome en argent repoussé, doré en partie, à sujet d'enfants montés sur des dauphins. Le couvercle est surmonté d'une figure de femme.

546 — Un vidrecome à bosselages et ornements ciselés. Le couvercle se termine par un bouquet.

547 — Un vidrecome en forme de cœur, à pointes de diamants, avec couvercle surmonté d'un bouquet.

548 — Un autre à peu près semblable au précédent.

549 — Un vidrecome de forme cylindrique, à bossettes. Le couvercle est surmonté d'une figure de guerrier.

550 — Un vidrecome en forme d'ananas, à bosselages. Le pied, découpé, renferme une figure d'enfant; une autre surmonte le couvercle.

551 — Un vidrecome de même forme que le précédent, avec figure de guerrier sur le couvercle.

552 — Un pot à bière à bosselages. Sur le couvercle est un lion héraldique.

553 — Un pot à bière à bosselages entrelacés d'ornements ciselés.

554 — Un autre entièrement doré. La panse est ornée d'ornements gravés.

555 — Un calice à bosselages finement ciselés.

556 — Un autre calice repoussé et ciselé.

557 — Un calice repoussé, ciselé et couvert d'ornements à têtes d'anges.

558 — Un sucrier à bosselages, accompagné de ses deux pinces à sucre

559 — Deux gobelets dorés en partie, ciselés et repoussés.

560 — Un plateau rond du temps de Louis XIV, ciselé d'après

les dessins de Berain ; au centre est une armoirie surmontée d'une couronne.

561 — Deux autres plateaux du même style.

562 — Deux petits plateaux ronds repoussés et ciselés.

563 — Trois plateaux ovales repoussés et ciselés, offrant des décors de fruits et de branches entrelacés.

563 *bis*. — Un sucrier en forme de vase ; il est repoussé et gravé.

56 — Une petite salière dorée et repoussée ; elle est portée sur trois petites cariatides finement ciselées.

565 — Quatre salières en forme de cassolettes, à ornements ciselés, accompagnées de leurs quatre cuillers.

566 — Une burette et un sucrier en forme de vase, à côte en spirales.

567 — Un moutardier et un sucrier aussi en forme de vases, larges côtes en spirales.

568 — Un huilier avec burettes en cristal de Bohême taillé et doré.

569 — Dix-huit petites cuillers à café à manches en forme de cariatides.

570 — Six autres semblables, dorées.

571 — Deux autres, ciselées et dorées.

572 — Un réchaud à esprit-de-vin, du temps de Louis XV.

573 — Un porte-pain grillé, de la même époque.

574 — Un beurrier en cristal taillé avec plateau et couvercle en argent guilloché, cuiller en argent.

575 — Une cafetière en argent repoussé et ciselé, style Louis XV, d'une ornementation très-riche.

576 — Une autre cafetière de forme droite, à ornements rocaille repoussés et ciselés.

577 — Deux bouilloires en argent ciselé, forme du Levant.

578 — Une théière forme aplatie, à ornements repoussés et ciselés.

579 — Une autre théière à côtes unies.

580 — Une théière en argent bruni, avec anse et bouton en ivoire.

581 — Un pot à crème à bords découpés.

582 — Un service de table composé de douze cuillers, douze fourchettes, une cuiller à potage, une cuiller à compote, douze couteaux à lame d'acier, un couteau et une fourchette à découper.

Vins

583 — Environ trois cents bouteilles de vins de différents crus.

www.ingramcontent.com/pod-product-compliance
Lightning Source LLC
LaVergne TN
LVHW010033230826
846091LV00005B/1683

9782329550053